D1870601

Jeder Augenblick ist kostbar

Zitate zum Wohlfühlen

Jeder Augenblick ist kostbar

Zitate zum Wohlfühlen

Ausgewählt von Norbert Schnabel

scm R.Brockhaus

© 2007 R. Brockhaus Verlag Wuppertal
Umschlag: Ursula Stephan, Wetzlar
Satz: Christoph Möller, Hattingen
Druck: Bercker, Kevelaer
ISBN 978-3-417-26924-6
Bestell-Nr. 226 924

INHALT

Entspann dich –

dem Stress ein Schnippchen schlagen

Man muss nicht alles an einem Tage fertig haben wollen.

Teresa von Avila

Die Kunst des Ausruhens ist ein Teil der Kunst des Arbeitens.

John Steinbeck

Halte dir jeden Tag dreißig Minuten für deine Sorgen frei, und in dieser Zeit mache ein Nickerchen.

Abraham Lincoln

Zeit haben heißt wissen, wofür man Zeit haben will und wofür nicht.

Emil Oesch

Man verliert die meiste Zeit damit, dass man Zeit gewinnen will.

John Steinbeck

Die beste Stressabwehr besteht darin, dass man seine Arbeit liebt.

Arrigo Sacchi

Nehmen Sie sich Zeit, von Ihren Werken auszuruhen, so wie Gott von seinen Werken ruhte!

Eva-Maria Admiral

Ich bin immer, auch im Leben, für Ruhepunkte; Parks ohne Bänke können mir gestohlen werden.

Theodor Fontane

Zeit zum Entspannen ist dann, wenn man keine Zeit dafür hat.

Karl Heinrich Waggerl

Es gibt Wichtigeres im Leben, als beständig dessen Geschwindigkeit zu erhöhen.

Mahatma Gandhi

Woher weißt du, dass dein Leben vor dir herläuft und du dich beeilen musst? Vielleicht ist es hinter dir, und du brauchst nur innezuhalten?

Ben Meir

Das einzige Mittel, Zeit zu haben, ist, sich Zeit zu nehmen.

Bertha Eckstein-Diener

Sich ärgern heißt, fremde Fehler an sich selber strafen.

Jonathan Swift

Man soll sich nicht über Dinge ärgern, denn das ist ihnen völlig egal.

Euripides

Du kannst dich den ganzen Tag ärgern, aber du bist nicht verpflichtet dazu.

Bruder Aloisus

Das Ärgerliche am Ärger ist, dass man sich schadet, ohne anderen zu nützen.

Kurt Tucholsky

Der Ärger ist als Gewitter, nicht als Dauerregen gedacht; er soll die Luft reinigen und nicht die Ernte verderben.

Ernst R. Hauschka

Wenn du wütend bist, dann zähl bis zehn, bevor du sprichst. Wenn du sehr wütend bist, bis hundert.

Thomas Jefferson

Du bekommst einen Brief, der dich maßlos erbittert? Beantworte ihn sofort. In der ersten Wut. Und das lass drei Tage liegen. Und dann schreib deine Antwort noch mal.

Kurt Tucholsky

Widerwärtigkeiten sind Pillen, die man schlucken muss und nicht kauen.

Georg Christoph Lichtenberg

Schreibe Kränkungen in den Sand,
Wohltaten in Marmor.

Benjamin Franklin

Gib der Alltäglichkeit ihr Recht, und sie wird dir mit ihren Anforderungen nicht zur Last fallen.

Clemens Brentano

Wir brauchen Zeiten, in denen wir nichts anderes tun, als unserer Seele Gutes zu tun.

Gordon MacDonald

Aufgabe des Lebens, seine Bestimmung ist Freude. Freue dich über den Himmel, über die Sonne, über die Sterne, über Gras und Bäume, über die Tiere und die Menschen. Und sei auf der Hut, dass diese Freude durch nichts zerstört wird.

Leo N. Tolstoi

Das Glück ist manchmal auch ein Augenblick der Stille.

Roland Leonhardt

Die Freude ist der Sommer, der die inneren Früchte färbt.

Jean Paul

Der beste Weg, sich selbst eine Freude zu machen: zu versuchen, einem anderen eine Freude zu bereiten.

Mark Twain

Humor und Geduld geben eine unwiderstehliche Mischung.

Wilhelm Busch

Lachen ist Gymnastik für die inneren Organe.

Norman Cousin

Humor ist der Knopf, der verhindert, dass uns der Kragen platzt.

Joachim Ringelnatz

Humor ist der Schwimmgürtel auf den Strömen des Lebens.

Wilhelm Raabe

Humor ist die Fähigkeit, heiter zu bleiben, wenn es ernst wird.

Ernst Penzoldt

Geh in der Arbeit auf, nicht unter!

Jacques Tati

So eine Arbeit wird eigentlich nie fertig, man muss sie für fertig erklären, wenn man nach Zeit und Umständen das Mögliche getan hat.

Johann Wolfgang von Goethe

Willst du glücklich sein im Leben,
dann sei es.

Leo N. Tolstoi

Es ist eine Gabe, das Unwichtige auf dieser Welt tatsächlich unwichtig zu nehmen.

Frank Thiess

Ein breiter Rand Muße ist im Leben genauso schön wie in einem Buch.

Henry David Thoreau

Der ist kein freier Mensch, der sich nicht auch einmal dem Nichtstun hingeben kann.

Marcus Tullius Cicero

Dass die Vögel der Sorge und des Kummers über deinem Haupt fliegen, kannst du nicht ändern. Aber dass sie Nester in deinem Haar bauen, das kannst du verhindern.

Martin Luther

Der Weg zum Glück besteht darin, sich um nichts zu sorgen, was sich unserem Einfluss entzieht.

Epiktet

Warum können Engel fliegen?
Weil sie sich leicht nehmen.

Gilbert Keith Chesterton

Viele Probleme erscheinen uns nur deshalb so groß, weil wir sie mit zu wenig Abstand betrachten.

Jochen Mariss

Von all den Sorgen, die man sich macht, werden die meisten doch gar nicht eintreffen.

Joachim du Bellay

Sich Sorgen zu machen nimmt dem morgigen Tag nicht seinen Kummer – es nimmt dem heutigen seine Stärke.

Corrie ten Boom

Es ist nicht gut, wenn du den Ballast von morgen schon heute in dein Schiff legst – dann muss es ja untergehen!

Hermann Bezzel

Gelassenheit ist die Kunst, in der gegenwärtigen Situation schon den Abstand zu gewinnen, den sonst erst die Zeit schafft.

Hans-Joachim Eckstein

Ruhe ist für die Seele der Anfang der Reinigung.

Basilius der Große

Das Gebet ist die Tür aus dem Gefängnis unserer Sorge.

Hellmut Gollwitzer

Beten heißt: Gott den Sack vor die Füße werfen.

Martin Luther

Die Macht des Gebetes liegt in der Ruhe, die nach ihm auf unser Inneres sich ausbreitet.

Karl Gutzkow

Die Sonne ist die Universalarznei aus der Himmelsapotheke.

August von Kotzebue

In der Natur durchströmt den Menschen trotz all seiner Sorgen ein wunderliches Wohlbehagen.

Ralph Waldo Emerson

Wir haben verlernt, die Augen auf etwas ruhen zu lassen.

Jean Giono

Schau doch einfach einmal zwei Minuten auf eine Blume, um völlig ruhig zu werden.

Brennan Manning

Die schlechte Laune ist eine Ohrfeige ins eigene Gesicht.

Werner Mitsch

Der Himmel hat dem Menschen als Gegengewicht zu den vielen Mühseligkeiten des Lebens drei Dinge gegeben: die Hoffnung, den Schlaf und das Lachen.

Immanuel Kant

In jeder Minute, die du im Ärger verbringst, versäumst du sechzig glückliche Sekunden deines Lebens.

William Somerset Maugham

Man muss sich durch die kleinen Gedanken, die einen ärgern, immer wieder hindurchfinden zu den großen Gedanken, die einen stärken.

Dietrich Bonhoeffer

Wir müssen die Dinge lustiger nehmen, als sie es verdienen, zumal wir sie lange Zeit ernster genommen haben, als sie es verdienen.

Friedrich Nietzsche

Mir kommt es immer vor, dass die Art, wie man die Ereignisse des Lebens nimmt, ebenso wichtigen Anteil an unserem Glück und Unglück hätte als die Ereignisse selbst.

Wilhelm von Humboldt

Die Seele hat die Farbe deiner Gedanken.

Marc Aurel

Nichts zu machen, ist manchmal das Richtige.

Hippokrates

Musik wäscht den Staub des Alltags von der Seele.

Berthold Auerbach

Jetzt sind die guten alten Zeiten, nach denen wir uns in zehn Jahren zurücksehnen werden.

Peter Ustinov

Lerne Geduld haben mit fremden Fehlern; denn siehe, du hast auch viel an dir, was andere tragen müssen.

Thomas von Kempen

Die Welt liegt nicht auf meinen, sondern auf Gottes Schultern.

Eva-Maria Admiral

Wünsche, an die wir uns zu sehr klammern, rauben uns leicht etwas von dem, was wir sein sollen und können. Es gibt erfülltes Leben trotz unerfüllter Wünsche.

Dietrich Bonhoeffer

Wann fängt das Leben an, glücklich zu sein? Wenn man alles, was kommt, aus Gottes Hand nehmen kann.

Carl Hilty

Es muss doch mehr im Leben geben, als alles zu besitzen.

Maurice Sendak

Der Reiche ist nicht immer der Zufriedene, aber der Zufriedene immer der Reiche.

Walther Goes

Die Falschheit des Reichtums besteht darin, dass wir das, was wir haben, mit dem verwechseln, was wir sind. Wir denken, wir wären mehr, wenn wir mehr haben.

Ernesto Cardenal

Wenn du so aussiehst wie dein Passbild, ist es Zeit, in den Urlaub zu fahren.

Earl Wilson

Eine dicke Haut ist ein Geschenk Gottes.

Konrad Adenauer

Wir wissen zwar nicht, wo wir hin wollen, aber dafür sind wir schneller dort.

Georg Kreisler

Wer immer gehetzt ist, nimmt sich selbst zu wichtig.

Hermann Gentsch

Wer schneller lebt – ist einfach nur früher fertig.

Martin Buchholz

Je schneller wir ans Ziel kommen,
desto mehr entgeht uns unterwegs.

Oliver Hassencamp

Es würde alles besser gehen, wenn man mehr ginge.

Johann Gottfried Seume

Licht, Luft und Bewegung sind die eigentlichen Sanitätsräte des Menschen.

Theodor Fontane

Eines der Symptome eines sich ankündigenden Nervenzusammenbruchs ist die Empfindung, dass die eigene Arbeit etwas ganz schrecklich Wichtiges sei.

Bertrand Russell

Schlaf ist für den ganzen Menschen,
was das Aufziehen für die Uhr.

Arthur Schopenhauer

Die Stille ernährt, der Lärm verbraucht.

Reinhold Schneider

Was die Erde für den Baum ist, ist die Stille für die Seele.

Magnus Malm

Wer Kraft aus der Stille schöpft, spart manche Medizin.

Peter Friebe

Beim Verweilen verliert man keine Zeit, man lebt sie.

Karlheinz A. Geißler

Du verlierst keine Zeit, wenn du auf Gott wartest.

Corrie ten Boom

Trau dich –

der Mut, Neues zu wagen

Wer immer tut, was er schon kann,
bleibt immer das, was er schon ist.

Henry Ford

Wenn später einmal, warum nicht jetzt? Und wenn nicht jetzt, wie dann später einmal?

Augustinus

Man entdeckt keine neuen Kontinente ohne die Bereitschaft, das Ufer für lange Zeit aus den Augen zu verlieren.

André Gide

Es gibt keinen Augenblick in unserem Leben, in dem wir nicht einen neuen Weg einschlagen könnten.

Charles de Foucauld

Resignation zeigt, dass man aus Erfahrung die falschen Schlüsse gezogen hat.

Wolfgang Letz

Das größte Vergnügen im Leben besteht darin, das zu tun, von dem die Leute sagen, du könntest es nicht.

Walter Bagehot

Man bleibt jung, solange man noch lernen, neue Gewohnheiten annehmen und Widerspruch ertragen kann.

Marie von Ebner-Eschenbach

Das Interessanteste im Leben eines Menschen sind die Fehlschläge. Sie beweisen, dass er versucht hat, über sich hinauszuwachsen.

Georges Clemenceau

Wer kämpft, kann verlieren, wer nicht kämpft, hat schon verloren.

Bertolt Brecht

Wer nicht handelt, dem wird auch der Himmel nicht helfen.

Sophokles

Machen Sie sich keine Gedanken darüber, was Sie gestern nicht getan haben. Handeln Sie heute!

Raymond Hull

Es ist nicht genug, zu wissen, man muss auch anwenden; es ist nicht genug, zu wollen, man muss auch tun.

Johann Wolfgang von Goethe

Der Weg wächst im Gehen unter deinen Füßen wie durch ein Wunder.

Reinhold Schneider

Damit das Mögliche entsteht, muss immer wieder das Unmögliche versucht werden.

Hermann Hesse

Die Tugend des Alltags ist die Hoffnung, in der man das Mögliche tut und das Unmögliche Gott zutraut.

Karl Rahner

Nicht unserer Hoffnungen werden wir uns einstmals zu schämen haben, sondern unserer ärmlichen und ängstlichen Hoffnungslosigkeit, die Gott nicht zutraut, die in falscher Demut nicht zugreift, wo Gottes Verheißungen gegeben sind.

Dietrich Bonhoeffer

Hoffnung ist die Fähigkeit, die Musik der Zukunft zu hören. Glaube ist der Mut, in der Gegenwart danach zu tanzen.

Peter Kuzmič

In jedem Fall ist Hoffen besser als Fürchten!

Jean Paul

Jeder Tag hat zwei Henkel – wir können ihn entweder an dem der Zaghaftigkeit anpacken oder an dem der Zuversicht.

Dwight D. Eisenhower

Ich hielt es für besser, etwas zu leisten, als nichts zu versuchen, weil man nicht alles leisten kann.

Alexander von Humboldt

Alles Große in unserer Welt geschieht nur, weil jemand mehr tut, als er muss.

Hermann Gmeiner

Die größte Gefahr im Leben ist, dass man oft zu vorsichtig ist.

Alfred Adler

Diejenigen, die keine Fehler machen,
machen den größten aller Fehler:
Sie versuchen nichts Neues.

Anthony de Mello

Tu das, wovor du dich fürchtest, und das Ende deiner Angst ist gewiss.

Ralph Waldo Emerson

Wer einen hohen Berg erklimmen will, tut das nicht in Sprüngen, sondern schrittweise und langsam.

Gregor der Große

Gegen das Fehlschlagen eines Plans
gibt es keinen besseren Trost, als auf der Stelle einen neuen zu machen oder bereitzuhalten.

Jean Paul

Es ist immer Zeit für einen neuen Anfang.

Konrad Adenauer

Nur die Sache ist verloren, die man aufgibt.

Gotthold Ephraim Lessing

Die wahren Optimisten sind nicht überzeugt, dass alles gut gehen wird. Aber sie sind überzeugt, dass nicht alles schief gehen wird.

Jean Dutourd

Ein Pessimist sieht die Schwierigkeit bei jeder Gelegenheit, ein Optimist hingegen sieht die Gelegenheit in jeder Schwierigkeit.

Winston Churchill

Wer an der Küste bleibt, kann keine neuen Ozeane entdecken.

Ferdinand Magellan

Wer niemals träumt, verschläft sein Leben.

Nikolaus Lenau

In jedem Ende liegt ein neuer Anfang.

Miguel de Unamuno

Wir müssen da anfangen, wo wir sind,
nicht da, wo wir nicht sind!

Oswald Chambers

Niemand weiß, wie weit seine Kräfte
gehen, bis er sie versucht hat.

Johann Wolfgang von Goethe

Es ist besser, Fehler zu machen,
als gar nichts zu versuchen.

Bill Hybels

Fast jeden großen Schritt, den ich in meiner
Entwicklung gemacht habe, verdanke ich
irgendeinem Fehler.

Gordon MacDonald

Erfahrungen sind Wegweiser –
keine Lagerplätze.

George Bernard Shaw

Wenn uns etwas aus dem gewohnten Geleise wirft, bilden wir uns ein, alles sei verloren; dabei fängt nur etwas Neues, Gutes an.

Leo N. Tolstoi

Nicht in die ferne Zeit verliere dich – den Augenblick ergreife, der ist dein.

Friedrich Schiller

Probleme sind Gelegenheiten zu zeigen, was man kann.

Duke Ellington

Wer nichts verändern will, wird auch das verlieren, was er bewahren möchte.

Gustav Heinemann

Das Leben ist ein Spiel. Man macht keine größeren Gewinne, ohne Verluste zu riskieren.

Christine von Schweden

Wenn du immer nur tust, was du immer getan hast, dann wirst du immer nur bekommen, was du schon immer bekommen hast.

Abraham Lincoln

Wer im Leben nur rechnet, kommt nie auf seine Kosten.

Albrecht Goes

Wer keine Entscheidungen trifft, wird von Entscheidungen getroffen.

Willy Meurer

Leben ist Zeichnen ohne Radiergummi.

Kees Snyder

Ich kann, weil ich will, was ich muss.

Immanuel Kant

Mut beruht vor allem auf dem Willen, ihn zu haben.

Ellen Key

Derjenige, der Wohlstand verliert, verliert viel; derjenige, der einen Freund verliert, verliert mehr; doch derjenige, der seinen Mut verliert, verliert alles.

Miguel de Cervantes

Mutlosigkeit ist immer Beweis eines zu großen Vertrauens auf sich und eines zu kleinen Vertrauens auf Gott.

Michel Quoist

Ein Mensch mit Courage ist so gut wie eine Mehrheit.

Andrew Jackson

Du bist so jung wie deine Zuversicht, so alt wie deine Zweifel, so jung wie deine Hoffnung, so alt wie deine Verzagtheit.

Albert Schweitzer

Nicht weil es schwer ist, wagen wir es nicht, sondern weil wir es nicht wagen, ist es schwer.

Lucius Annaeus Seneca

Das größte Laster ist die Verzagtheit.

Franz von Assisi

Wer nichts wagt, der darf nichts hoffen.

Friedrich Schiller

Begrüße das neue Jahr vertrauensvoll und ohne Vorurteile, dann hast du es schon halb zum Freunde gewonnen.

Novalis

Es gibt wenig ganz außerordentliche Menschen, aber ein jeder hat einen Zeitpunkt des Lebens, wo er sich selbst übertrifft, und von diesem muss man Gebrauch machen.

Carl von Clausewitz

Man kann nicht jeden Tag etwas Großes tun, aber gewiss immer etwas Gutes.

Friedrich Schleiermacher

Es ist immer der richtige Moment,
um das Richtige zu tun.

Martin Luther King

Verstecke deine Talente nicht.
Was nützt eine Sonnenuhr im Schatten?

Benjamin Franklin

Nutz die Talente, die du hast. Die Wälder wären sehr still, wenn nur die besten Vögel sängen.

Henry van Dyke

Jede Gabe ist eine Aufgabe.

Käthe Kollwitz

Man muss als Zwerg das tun,
was die Riesen nicht können.

Niki Lauda

Niemand weiß genau, was er alles nicht kann, bevor er es nicht versucht hat.

Robert Lembke

Gib dein Bestes, und du bist selbst der Beschenkte.

Margarete Rode

Im Schwimmen gegen den Strom bewahrt der Mensch seine Einzigartigkeit. Wenn er das nicht vermag und sich treiben lässt, wird er mitgerissen, geht er auf im Rausch der Vielheit.

Friedrich Weinreb

Vergiss niemals, dass nur ein toter Fisch mit der Strömung schwimmt.

Malcolm Muggeridge

Um zur Quelle zu kommen, musst du gegen den Strom schwimmen.

Stanislaw Jerzy Lec

Am nötigsten hast du es, zu erleben, dass du gebraucht wirst.

Dag Hammarskjöld

Die Zukunft ist voller Aufgaben und Hoffnungen.

Nathaniel Hawthorne

Wir brauchen nicht so fort zu leben, wie wir gestern gelebt haben. Macht euch nur von dieser Anschauung los, und tausend Möglichkeiten laden uns zu neuem Leben ein.

Christian Morgenstern

Wege entstehen dadurch, dass wir sie gehen.

Franz Kafka

Nichts würde jemals begonnen, wenn vorher alle möglichen Einwände überwunden werden müssten.

Samuel Johnson

Krise ist ein produktiver Zustand. Man muss ihm nur den Beigeschmack von Katastrophe nehmen.

Max Frisch

Hartnäckige Übellaunigkeit ist ein klares Symptom dafür, dass ein Mensch gegen seine Bestimmung lebt.

José Ortega y Gasset

Was man sich zutraut, muss man tun, nicht nur, was man kann.

Karl Heinrich Waggerl

Kein Mensch kann auf deinem Buckel reiten, wenn du ihn nicht krumm machst.

Martin Luther King

Alles auf Erden lässt sich finden, wenn man nur zu suchen sich nicht verdrießen lässt.

Philemon

Manche Menschen träumen ihr Leben lang von Dingen, die sie längst haben würden, wenn sie nicht so viel träumten.

Robert Lembke

Enttäuschungen sind die Sporen, die uns das Schicksal gibt, um uns auf den richtigen Weg zu bringen.

Stijn Streuvels

Lieber Staub aufwirbeln
als Staub ansetzen.

Hubert Burda

Was wir sind und tun, entspricht
keineswegs dem, was uns gegeben ist.

Karl Barth

Wenn etwas Neues entstehen soll, muss
man das machen, was man nicht kann.

Heiner Müller

Wer nichts riskiert,
kann nicht einmal scheitern.

Arthur Schopenhauer

Freu dich –

den Augenblick genießen

Die Stunde ist kostbar. Warte nicht auf eine spätere, gelegenere Zeit.

Katharina von Siena

Nichts Schöneres unter der Sonne,
als unter der Sonne zu sein!

Ingeborg Bachmann

Ein Herz voll Freude sieht alles fröhlich an.

Martin Luther

Das Leben besteht aus vielen kleinen Münzen, und wer sie aufzuheben weiß, hat ein Vermögen.

Jean Anouilh

Freude ist gespürtes Leben.

Michael Horatczuk

Ich liebe das Leben, weil ich darin auftreten darf.

Pavel Kohout

Wie lange ich lebe, liegt nicht in meiner Macht, dass ich aber, solange ich lebe, wirklich lebe, das hängt von mir ab.

Lucius Annaeus Seneca

Fürchtet nicht so sehr den Tod, sondern das unerfüllte Leben.

Bertolt Brecht

Nutze den Nachmittag aus. Du kannst ihn nicht mitnehmen.

Annie Dillard

Nichts ist wertvoller als der heutige Tag.

Johann Wolfgang von Goethe

Sei in diesem Augenblick glücklich, das genügt. Wir brauchen nicht mehr als den Augenblick.

Mutter Teresa

Nicht der Tage erinnert man sich, sondern der Augenblicke.

Cesare Pavese

Ich freue mich jedes Mal, wenn schlechtes Wetter ist; denn wenn ich mich nicht freue, ist auch schlechtes Wetter.

Ernst Kirchgässer

Das ist groß und schön, von Kleinem glücklich zu werden.

Jeremias Gotthelf

Vielleicht gibt es schönere Zeiten, aber diese ist die unsere.

Jean-Paul Sartre

Die wahre Lebenskunst besteht darin, im Alltäglichen das Wunderbare zu entdecken.

Pearl S. Buck

Lebenskünstler ist, wer seinen Sommer so genießt, dass er ihm noch den Winter wärmt.

Alfred Polgar

Mit dem Leben ist es wie mit einem Theaterstück: Es kommt nicht darauf an, wie lang es ist, sondern wie bunt.

Lucius Annaeus Seneca

Der Heiterkeit sollen wir, wann immer sie sich einstellt, Tür und Tor öffnen; denn sie kommt nie zur unrechten Zeit.

Arthur Schopenhauer

Je froher das Herz ist, desto heller leuchtet die Sonne.

Romano Guardini

Der verlorenste Tag aller Tage ist der, an dem man nicht gelacht hat.

Nicolas Chamfort

Lachen heißt einstimmen in das Lied der Engel.

Eleonore Beck

Was kann der Schöpfer lieber sehen als ein fröhliches Geschöpf!

Gotthold Ephraim Lessing

Wer noch staunen kann, wird auf Schritt und Tritt beschenkt.

Oskar Kokoschka

Man kann einen seligen, seligsten Tag haben, ohne etwas anderes dazu zu gebrauchen als blauen Himmel und grüne Erde.

Jean Paul

Ich weiß überall in der großen Lebenswüste irgendeine schöne Oase zu entdecken.

Heinrich Heine

Ein Vergnügen erwarten ist auch ein Vergnügen.

Gotthold Ephraim Lessing

Es fließt mir das Herz über vor Dankbarkeit gegen die Musik, die mich so oft erquickt und aus großen Nöten errettet hat.

Martin Luther

Man sollte nicht Zeitvertreib, sondern Zeitgenuss sagen.

Jean Paul

Wir sollten uns von Kleinigkeiten nicht bloß plagen, sondern auch erfreuen lassen.

Jean Paul

Das Glück besteht nicht darin, dass du tun kannst, was du willst, sondern darin, dass du auch immer willst, was du tust.

Leo N. Tolstoi

Das Glück ist ein Mosaikbild, das aus lauter unscheinbaren kleinen Freuden zusammengesetzt ist.

Daniel Spitzer

Das beste Mittel, das Glück zu verpassen, besteht darin, es zu suchen. Es ist nicht das Ziel unseres Lebens, sondern ein Nebenprodukt.

Paul Claudel

Wer sich nicht auf der Schwelle des
Augenblicks, alle Vergangenheit
vergessend, niederlassen kann,
der wird nie wissen, was Glück ist.

Friedrich Nietzsche

Für angenehme Erinnerungen muss man im Voraus sorgen.

Paul Hörbiger

Ein Leben ohne Feste ist wie ein weiter Weg ohne Gasthäuser.

Werner Finck

Es ist wichtiger, dass sich jemand über eine Rosenblüte freut, als dass er ihre Wurzeln unter das Mikroskop legt.

Oscar Wilde

Nicht in der großen Zahl liegt das Geheimnis, Freude zu entdecken.
Was ein Mensch sucht, kann er in einer einzigen Rose finden.

Antoine de Saint-Exupéry

Die Seele nährt sich von dem, woran sie sich freut.

Augustinus

Nicht wie viel wir haben, macht uns glücklich, sondern wie sehr wir es genießen.

C.H. Spurgeon

Öffnet man die Augen, so wird jeder Tag zum Erlebnis.

Oskar Kokoschka

Die Welt gehört dem, der sie genießt.

Giacomo Leopardi

Jeder Tag ist ein neues Leben, jedes Erwachen und Aufstehen eine kleine Geburt.

Arthur Schopenhauer

Lach das Leben an! Vielleicht lacht es wider.

Jean Paul

Gib jedem Tag die Chance, der schönste deines Lebens zu werden.

Mark Twain

Wir können den Tag nicht verlängern, aber wir können ihn verschönern.

Wladimir Lindenberg

Ein fröhliches Herz lebt am längsten.

William Shakespeare

Leben ist nicht genug, sagte der Schmetterling. Sonnenschein, Freiheit und eine kleine Blume muss man auch haben.

Hans Christian Andersen

Nicht in der Anstrengung vollendet sich unser Leben, sondern in der gelösten Gebärde freien Empfangens und Genießens.

Reinhard Deichgräber

Wahrer Reichtum besteht nicht im Besitz, sondern im Genießen.

Ralph Waldo Emerson

Vergnügt sein ohne Geld, das ist der Stein der Weisen.

Magnus Gottfried Lichtwer

Das Leben leicht tragen und tief genießen ist ja doch die Summe aller Weisheit.

Wilhelm von Humboldt

Sei guter Dinge und freue dich, denn Gott ist dein Freund.

Martin Luther

Wahre Lebenskunst: nicht abzulehnen, was das Leben bietet, und nicht zu begehren, was es verwehrt.

Hermann Hesse

Man muss das Leben lieben, um es zu leben, und man muss das Leben leben, um es zu lieben.

Thornton Wilder

Segen in meinem Leben zu erkennen heißt für mich: Ich konzentriere mich auf das, was ich habe, nicht auf das, was ich nicht habe.

Helen Lescheid

So schönes Wetter heute –
und ich noch dabei.

Willhelm Raabe

Viel Zeit brauchen wir nicht, um uns an der Schönheit der unscheinbaren Dinge zu freuen, aber ein offenes Auge, ein offenes Herz.

Eva von Tiele-Winckler

Das Herz voll Danken und Hoffen –
was will der Mensch mehr?

Jeremias Gotthelf

Viele Menschen versäumen das kleine Glück, während sie auf das große vergeblich warten.

Pearl S. Buck

Nach meiner Überzeugung gibt es kaum ein größeres Vergnügen, als auch im tiefsten Winter nachts im Bett warme Füße zu haben.

Iwan Turgenjew

Zehnmal musst du lachen am Tag und heiter sein: Lernen wir uns besser freuen, so verlernen wir am besten, anderen wehe zu tun und Wehes auszudenken.

Friedrich Nietzsche

Mach anderen Freude! Du wirst erfahren, dass Freude freut.

Friedrich Theodor von Vischer

Wir Menschen plagen uns ab, um die Mittel zum Leben zu erwerben, nur das Leben lassen wir darüber bleiben.

Adalbert Stifter

Man kann alles richtig machen und das Wichtigste versäumen.

Alfred Andersch

Eine gute Zeit fällt nicht vom Himmel. Wir schaffen sie uns selbst. Sie liegt bereits in unserem Herzen.

Fjodor M. Dostojewski

Wer immer nur nach dem Zweck der Dinge fragt, wird ihre Schönheit nie entdecken.

Halldór Laxness

Etwas schön finden heißt ja wahrscheinlich vor allem: Es finden.

Robert Musil

Wenn du gut hinhörst, wird immer irgendwo ein Vogel singen.

Susanne Vierthaler

Ein Optimist ist ein Mensch, der weiß, wie trübe die Welt sein kann. Ein Pessimist ist einer, der das jeden Tag von neuem feststellt.

Peter Ustinov

Humor ist die Fähigkeit, im Leben mit Gegenwind zu segeln.

Günter Pfitzmann

Verschwendete Zeit ist Dasein, gebrauchte Zeit ist Leben.

Edward Young

Die Zeit ist eine Vase. Es kommt darauf an, ob man Disteln oder Rosen hineinstellt.

Rudolf Rolfs

Freude ist nicht die Abwesenheit von Schmerz, sondern die Gegenwart Gottes.

Teilhard de Chardin

Fang jetzt zu leben an und zähle jeden Tag als ein Leben für sich.

Lucius Annaeus Seneca

Wir sollten stets eingedenk sein,
dass der heutige Tag nur einmal kommt
und niemals wieder.

Arthur Schopenhauer

Ein Maitag ist ein kategorischer Imperativ der Freude.

Friedrich Hebbel

Der schönste Augenblick am Tag ist doch der, wo man morgens unter der Brause hervorkriecht und das Wasser von einem abtropft.

Kurt Tucholsky

Genau genommen leben nur wenige Menschen wirklich in der Gegenwart; die meisten haben nur vor, einmal richtig zu leben.

Jonathan Swift

Da Zeit das kostbarste, weil unwiederbringlichste Gut ist, über das wir verfügen, beunruhigt uns bei jedem Rückblick der Gedanke etwa verlorener Zeit. Verloren wäre die Zeit, in der wir nicht als Menschen gelebt, Erfahrungen gemacht, gelernt, geschaffen, genossen und gelitten hätten.

Dietrich Bonhoeffer

Vergessen Sie nicht: das Leben ist eine Herrlichkeit.

Rainer Maria Rilke

Ich mag dich –

Freundschaft leben

Heimat sind die Menschen, die wir verstehen und die uns verstehen.

Max Frisch

Der einzige Weg, einen Freund zu haben, ist der, selber einer zu sein.

Ralph Waldo Emerson

Ein Freund ist jemand, der weiß, dass man ihn gerade braucht.

Oscar Wilde

Seine Freude in der Freude des anderen finden können, das ist das Geheimnis des Glücks.

Georges Bernanos

Dem Vogel ein Nest, der Spinne ein Netz, dem Menschen – Freundschaft.

William Blake

Schau um dich – und du wirst sehen, wie viele auf deine Freundschaft, dein Lächeln, auf deine freundlichen, tröstenden Worte warten.

Arsène Garnier

Man muss sein Herz auf den Tisch legen, damit andere das ihre dazulegen können.

Adolf Sommerauer

Ihr müsst Herzen säen,
wollt ihr Herzen ernten.

Ludwig Börne

Prüfstein für jede Freundschaft: Ob uns der andere jederzeit uneingeladen willkommen ist.

Sigmund Graff

Ein Leben ohne Freunde ist wie eine weite Reise ohne Gasthäuser.

Demokrit

Alte Freunde sind wie guter Wein, er wird immer besser, und je älter man wird, desto mehr lernt man dieses unendliche Gut schätzen.

Adalbert Stifter

Mein Wohlstand sind meine Freunde.

Emily Dickinson

Die Freunde, die man morgens um vier Uhr anrufen kann – die zählen.

Marlene Dietrich

Ein Freund ist jemand, vor dem man laut denken kann.

Ralph Waldo Emerson

Das erste Gesetz der Freundschaft lautet, dass sie gepflegt werden muss. Das zweite lautet: Sei nachsichtig, wenn das erste verletzt wurde.

Voltaire

Freunde sind jene seltsamen Leute, die uns fragen, wie es uns geht, und wirklich an der Antwort interessiert sind.

Ed Cunningham

Wozu hätten wir Freunde nötig, wenn wir sie nie nötig hätten?

William Shakespeare

Hoffe in niemand einen Freund zu finden,
als wer in dir einen Freund gefunden hat!

Edward Young

Ein Freund ist jemand, der das Lied deines Herzens kennt und es dir vorsingen kann, wenn du die Worte vergessen hast.

Joan Chittister

Freundschaft ist, wenn einer dich für gutes Schwimmen lobt, nachdem du beim Segeln gekentert bist.

Werner Schneyder

Das Einmalige an einer Freundschaft ist weder die Hand, die sich einem entgegenstreckt, noch das freundliche Lächeln oder die angenehme Gesellschaft. Das Einmalige an ihr ist die geistige Inspiration, die man erhält, wenn man merkt, dass jemand an einen glaubt.

Ralph Waldo Emerson

Die wahren Freunde erkennt man im Glück, denn nur sie sind nicht eifersüchtig, wenn du dich freust.

Elie Wiesel

Freundschaft – das ist wie Heimat.

Kurt Tucholsky

Was die Erde für mich bewohnbar macht, ist auch, dass ich einzelne Menschen weiß, zu denen ich kommen konnte, ohne gefragt zu werden, warum ich komme.

Reiner Kunze

Eine Freundschaft, die aufhören kann, war nie wirklich eine.

Hieronymus

Das ist schön, mit jemand schweigen zu können.

Kurt Tucholsky

Eigennutz ist die Klippe, an der jede Freundschaft zerschellt.

Ludwig Tieck

Nichts lässt die Erde so geräumig erscheinen, als wenn man Freunde in der Ferne hat.

Henry David Thoreau

Ein Freund ist ein Geschenk, das man sich selbst macht.

Robert Louis Stevenson

Freunde sind Gärten, in denen man sich ausruhen kann.

Antoine de Saint-Exupéry

Freunde sind Gottes Entschuldigung für Verwandte.

George Bernard Shaw

Den echten Freund erkennt man daran, dass er uns nicht in seiner, sondern in unserer Not aufsucht.

Sigmund Graff

Freundschaft will wie das Feuer genährt werden, oder sie stirbt.

Johann Caspar Lavater

Nimm dir Zeit für deine Freunde, sonst nimmt die Zeit dir deine Freunde.

André Brie

Auf den Wegen der Freundschaft soll man kein Gras wachsen lassen.

Marie-Thérèse Geoffrin

Ein Freund ist jemand, mit dem man nicht reden muss.

Carlo Schmitt

Was einer von mir hält,
daran erkenne ich ihn.

Karl Heinrich Waggerl

Die Probe der Kraft der Freundschaft ist nicht das Geben, sondern das Vergeben.

Jean Paul

Die eigentliche Aufgabe eines Freundes ist, dir beizustehen, wenn du im Unrecht bist. Jedermann ist auf deiner Seite, wenn du im Recht bist.

Mark Twain

Deine Freunde sind der Spiegel deiner Persönlichkeit. Durch sie offenbarst du, wer du bist.

Elizabeth Schuler

Freunde sind eine Gabe Gottes.

Johann Georg Hamann

Freunde sind Menschen, die voneinander überzeugt sind.

Rahel Varnhagen

Diene deinen Freunden, ohne zu rechnen.

Gottfried Keller

Meine Parole heißt: Kraft durch Freunde.

Werner Finck

Freunde, die uns in der Not nicht verlassen, sind äußerst selten. Sei du einer dieser seltnen Freunde!

Adolph Freiherr von Knigge

Im Unglück erkennt man die Freunde.

Johann Gottfried Herder

Der Freund hat mit unserer Ehefrau gemeinsam, dass wir uns, ohne zu erröten, selbst vor ihm loben dürfen. Er gibt uns außerdem die Möglichkeit, uns über unsere Ehefrauen zu beklagen, ohne diese dadurch herabzusetzen.

Sigmund Graff

Man erwirbt keine Freunde,
man erkennt sie.

Wilhelm Busch

Je älter man wird, desto mehr braucht man einen Weißt-du-noch-Freund.

Tilla Durieux

Ein echter Freund tritt ins Zimmer,
wenn der Rest der Welt es verlässt.

Walter Winchell

Freundschaft ist eine Seele in zwei Körpern.

Aristoteles

Der Lohn der Freundschaft ist sie selbst. Wer sich mehr erhofft, versteht nicht, was wahre Freundschaft ist.

Aelred von Rievaulx

Wir brauchen die Freunde nicht, um sie zu brauchen, sondern um die Gewissheit zu haben, dass wir sie brauchen dürfen.

Epikur

Jeder Freund ist des anderen Sonne und Sonnenblume zugleich: Er zieht und folgt.

Jean Paul

Freundschaft kann nur zwischen Gleichen existieren. Segnungen, die nicht zurückgegeben, und Verpflichtungen, die nicht beglichen werden können, erhöhen gemeinhin nicht die Zuneigung. Sie steigern vielmehr die Dankbarkeit und die Ehrfurcht, nehmen aber für gewöhnlich die leichte Freiheit und das Familiäre des Kontaktes, ohne die es keine Freundschaft geben kann.

Samuel Johnson

Mit Freunden sollte man es halten wie mit Büchern – lieber wenige haben, die aber gut auswählen.

Samuel Paterson

Gäbe man dem Menschen alle Herrlichkeit der Welt, was hilft's, wenn er keinen Freund hat, dem er es sagen kann?

Catherina Elisabeth Goethe

Freundschaft ist das Werkzeug, mit dem Gott jedem die Schönheiten der anderen offenbart.

C.S. Lewis

Nicht jeder, der uns schont, ist ein Freund, nicht jeder, der uns tadelt, ist ein Feind.

Augustinus

Wirklich gute Freunde sind Menschen, die uns genau kennen und trotzdem zu uns halten.

Marie von Ebner-Eschenbach

Einen Freund erkennt man daran, dass man mit ihm schweigen kann.

Max Thürkauf

Tadle deinen Freund im Geheimen und lobe ihn öffentlich!

Leonardo da Vinci

Wir haben, solange unser Freund hat.

Gotthold Ephraim Lessing

Wer viele Freunde hat, hat keinen.

Augustinus

Jeder Mensch auf dieser Erde ist auf der Suche nach einem Menschen, der ihm das Ja des Seindürfens zuspricht.

Martin Buber

Menschen sind wie Musikinstrumente; ihre Resonanz hängt davon ab, wer sie berührt.

C. C. Vigil

Behandele die Menschen so, als wären sie, was sie sein könnten, und du hilfst ihnen zu werden, was sie sein können.

Johann Wolfgang von Goethe

Einen Menschen lieben heißt, ihn so zu sehen, wie Gott ihn gemeint hat.

Fjodor M. Dostojewski

Wer was gelten will, muss andere gelten lassen.

Johann Wolfgang von Goethe

Fehler sind immer dick,wo die Liebe dünn ist.

C.H. Spurgeon

Vergebung bedeutet, dem Anderen zu erlauben, nicht Gott sein zu müssen.

Henri Nouwen

Es bleibt einem im Leben nur das, was man verschenkt hat.

Robert Stolz

Zu geben ist ein Vergnügen, das länger andauert, als zu nehmen.

Nicolas de Chamfort

Vieles kann der Mensch entbehren, nur den Menschen nicht.

Ludwig Börne

Den Wert eines Menschen erblickt nur die Liebe.

Max Scheler

Was in einem Menschen lebt, wird daran offenbar, was für Menschen sich von ihm angezogen fühlen.

Romano Guardini

Immer wird uns das Vertrauen eines der größten und beglückendsten Geschenke menschlichen Zusammenlebens bleiben.

Dietrich Bonhoeffer

Ein Mensch wird vertrauenswürdig, sobald man ihm Vertrauen schenkt.

Graham Greene

Nichts kann den Menschen mehr stärken als das Vertrauen, das man ihm entgegenbringt.

Adolf von Harnack

Gott schuf die Katze, damit der Mensch einen Tiger zum Streicheln hat.

Victor Hugo

Ich mag mich –

die Kunst der Selbstannahme

In jedermann ist etwas Kostbares,
das in keinem anderen ist.

Martin Buber

Jeder ist berufen, etwas zu tun oder etwas zu sein, wofür kein anderer berufen ist.

John Henry Newman

Das Heute ist ein Schatz, und du bist auch einer.

Sandra P. Aldrich

Jeder Mensch ist ein besonderer Gedanke Gottes.

Paul de Lagarde

Gott liebt uns nicht, weil wir so wertvoll sind, sondern wir sind so wertvoll, weil Gott uns liebt.

Helmut Thielicke

Gott liebt jeden von uns, als gäbe es nur einen von uns.

Augustinus

Das höchste Glück des Lebens besteht in der Überzeugung, geliebt zu sein.

Victor Hugo

Wenn du an dir nicht Freude hast, die Welt wird dir nicht Freude machen.

Paul Heyse

Es gibt nur einen Erfolg: auf deine Weise leben zu können.

Christopher Darlington Morley

Die Hauptaufgabe des Lebens besteht darin, sich selbst auf die Welt zu bringen.

Erich Fromm

Das Große ist nicht, dieses oder jenes zu sein, sondern man selbst zu sein; und das kann jeder Mensch, wenn er es will.

Sören Kierkegaard

Im Leben geht es nicht nur darum, gute Karten zu haben, sondern auch darum, mit einem schlechten Blatt gut zu spielen.

Robert Louis Stevenson

Man muss sein Leben aus dem Holz schnitzen, das man zur Verfügung hat.

Theodor Storm

Es kommt nicht darauf an, wo man hingestellt wird, sondern wie man dasteht.

Ulf Annel

Das Glück gehört denen, die sich selbst genügen.

Aristoteles

In uns tragen wir die Wunder,
die wir draußen suchen.

Thomas Browne

Ich habe gemerkt: Das Wunder, auf das ich so lange gewartet habe, bin ich selbst.

Selma Lagerlöf

Gibt's Wunder? Ja, dich zum Beispiel.
Mich vermutlich auch. Und Leben
überhaupt, alles Lebendige.

Kurt Marti

Hab Geduld in allen Dingen, vor allem aber mit dir selbst.

Franz von Sales

Das ist das Wunder des Lebens: jeder Mensch, der sich selbst achtet, weiß, was kein Wissenschaftler je wissen kann – wer er selbst ist.

Sören Kierkegaard

Man verpasst eine Menge Spaß, wenn man nicht über sich selbst lachen kann.

Sara Jeanette Duncan

Dein Gesicht wird dir geschenkt, lächeln musst du selber.

Inga Herrmann

Wem das Lächeln fehlt, dem fehlt ein Flügel.

Truman Capote

Muße ist die Kunst, sich selbst ein angenehmer Gesellschafter zu sein.

Karl Heinrich Waggerl

Reif ist, wer auf sich selbst nicht mehr hereinfällt.

Heimito von Doderer

Niemand kann dich ohne dein Einverständnis dazu bringen, dich minderwertig zu fühlen.

Eleanor Roosevelt

Der meiste Schatten im Leben der Menschen rührt daher, dass wir uns selbst in der Sonne stehen.

Ralph Waldo Emerson

Der Mensch zu werden, zu dem ich geschaffen bin – das ist meine Lebensaufgabe!

Ingrid Trobisch

Jeder Mensch trägt einen Zauber im Gesicht: irgendeinem gefällt er.

Friedrich Hebbel

Es wird kein einziger Mensch jemals über diese Erde laufen, der genauso ist wie du.

Bill Hybels

Ich teile mit Milliarden von Menschen die Erde, aber mit niemandem meine Einzigartigkeit.

Christa Schyboll

Der Kern des Glücks: der sein zu wollen, der du bist.

Erasmus von Rotterdam

Wenn Gott mich anders gewollt hätte, hätte er mich anders gemacht.

Johann Wolfgang von Goethe

Sieh zuerst, was du bist und was du hast und was du kannst und was du weißt, ehe du bedenkst, was du nicht bist, nicht hast, nicht kannst und nicht weißt.

Johann Caspar Lavater

Man möge das bedenken, dass man andere ertragen soll, wie man selbst ertragen zu werden wünscht.

Jeremias Gotthelf

Das Streben nach Vollkommenheit macht manchen Menschen vollkommen unerträglich.

Pearl S. Buck

Der ist groß, der das, was er ist, von Natur aus ist und uns nie an andere erinnert.

Ralph Waldo Emerson

Jetzt ist nicht die Zeit, daran zu denken, was du nicht hast. Überlege, was du mit dem anfangen kannst, was da ist.

Ernest Hemingway

Wer mit sich unzufrieden ist, ist fortwährend bereit, sich dafür zu rächen.

Friedrich Nietzsche

Wer Freude hat am Klagen, wird immer was zum Klagen finden.

Jeremias Gotthelf

Um fremden Wert willig und frei anzuerkennen und gelten zu lassen, muss man eigenen haben.

William Shakespeare

Wer sich selber schätzt, wird auch von anderen geschätzt.

William Hazlitt

Wer sich nicht zu viel dünkt, ist viel mehr, als er glaubt.

Johann Wolfgang von Goethe

Wenn Sie entdecken, wie einzigartig Sie sind, gehen Ihnen plötzlich auch die Augen auf, wie einzigartig der andere ist.

Henri Nouwen

Achten die Menschen sich selbst, so achten sie gewöhnlich auch die fremde Persönlichkeit.

Samuel Smiles

Ich vertrage mich leicht mit jedem, der sich mit sich selbst verträgt.

Friedrich Heinrich Jacobi

Wer mit sich selber in Frieden lebt, kommt nicht in Versuchung, anderen den Krieg zu erklären.

Ernst Ferstl

Ja, wer mit sich schlecht umgeht, wem kann der gut sein? Denk also daran: Gönne dich dir selbst. Ich sage nicht: Tu das immer. Ich sage nicht: Tu das oft. Aber ich sage: Tu es immer wieder einmal. Sei, wie für alle anderen, auch für dich selbst da.

Bernhard von Clairvaux

Die Welt hat Sonne, ganz viel Sonne, man muss sie nur in sich tragen.

Ida Ehre

Vor allem verachte dich nicht. Es ist schwer, sich zu verachten, ohne Gott in uns zu beleidigen.

Georges Bernanos

Mach das Beste aus dir, denn das ist alles, was du hast.

Ralph Waldo Emerson

Von einem guten Kompliment kann ich zwei Monate leben.

Mark Twain

Gott liebt uns, aber er findet sich nicht mit uns ab.

Werner Steinberg

Gott braucht den Menschen nicht, um glücklich zu sein, und doch liebt er ihn so, als ob er ohne ihn ewig unglücklich wäre.

Ernesto Cardenal

Die Sehnsucht Gottes ist der Mensch.

Augustinus

Keiner geht über diese Erde, den Gott nicht liebt.

Friedrich von Bodelschwingh

Das Alter eines Menschen – es bedeutet eine schöne Fracht von Erfahrungen und Erinnerungen.

Antoine de Saint-Exupéry

Im Vergangensein ist nichts unwiederbringlich verloren, vielmehr alles unverlierbar geborgen. Für gewöhnlich sieht der Mensch nur das Stoppelfeld der Vergänglichkeit; was er übersieht, sind die vollen Scheunen des Vergangenseins. Was immer wir getan und geschaffen haben, was immer wir erlebt und erfahren haben – wir haben es in diese Scheunen hineingerettet, und nichts und niemand kann es jemals wieder aus der Welt schaffen.

Viktor E. Frankl

Glücklich ist nicht, wer anderen so vorkommt, sondern wer sich selbst dafür hält.

Lucius Annaeus Seneca

Ich habe mich entschieden, glücklich zu sein, das ist besser für die Gesundheit.

Voltaire

Wer sich allein langweilt, ist auch zu zweit nicht sehr unterhaltsam.

Ben Kingsley

Wer nicht genießt, wird ungenießbar.

Rodrigo Gonzales

Alles wurde geschaffen als Geschenk der Liebe für mich. Ich wurde geschaffen als Geschenk für die anderen.

Chiara Lubich

Wenn man seine Grenzen akzeptiert, erweitern sie sich.

Anneliese Fuchs

Bewahrt euch vor allem für euch selbst, dann wird auch noch viel für andere bleiben.

Leo N. Tolstoi

Wäre der Körper verächtlich, Gott würde ihn nicht auferstehen lassen.

Julien Green

Tu deinem Leib etwas Gutes, damit deine Seele Lust hat, darin zu wohnen.

Teresa von Avila

Wer gern tanzt, dem ist leicht gegeigt.

Peter Rosegger

Die wahren Lebenskünstler vergleichen sich grundsätzlich nur mit Menschen, denen es schlechter geht als ihnen.

André Maurois

Allein leben ist wie verheiratet sein, nur dass der Mensch, mit dem man klarkommen muss, man selbst ist.

Elin Schoen

Das, was jemand von sich selbst denkt, bestimmt sein Schicksal.

Mark Twain

Die Seele hat die Farbe deiner Gedanken.

Marc Aurel

Wer sich gern erinnert, lebt zweimal.

Franca Magnani

Was hinter uns liegt und was vor uns liegt, sind Kleinigkeiten, verglichen mit dem, was in uns liegt.

Ralph Waldo Emerson

Wirklich glücklich kann man nur werden, wenn man sich selbst so mag, wie man ist.

Ingrid Trobisch

Wünsche nicht, etwas anderes zu sein, als was du bist, aber versuche, dies so gut wie möglich zu sein.

Franz von Sales

Selbstvertrauen ist die Quelle des Vertrauens zu anderen.

François de La Rochefoucauld

Wer sich nicht selbst vertraut, der vertraut Gott nicht; denn Gott hat ihm das gegeben, in das er vertrauen soll.

Paracelsus

Mit sich beginnen, aber nicht bei sich enden, bei sich anfangen, aber sich nicht selbst zum Ziel haben.

Martin Buber

Gott trägt dein Bild in seiner Brieftasche.

Tony Campolo

Wir sind alle Saiten im Konzert der Freude Gottes.

Jakob Böhme

Geh in dich –

Lebenssinn finden

Das Wichtigste im Leben ist, zu wissen, was das Wichtigste ist.

Otto Milo

Es gibt zwei wichtige Tage in jedem Leben: Der Tag, an dem du geboren wurdest. Und der Tag, an dem du begreifst, wozu.

Kirbyjon Kaldwell

Ab und zu muss man die Augen schließen. Nur so lässt sich das Ganze überblicken.

Werner Mitsch

Günstige Winde kann nur der nutzen, der weiß, wohin er will.

Oscar Wilde

Wenn ein Kapitän nicht weiß, welches Ufer er ansteuern soll, dann ist kein Wind der richtige.

Lucius Annaeus Seneca

Wer nicht weiß, wo er hin will, darf sich nicht wundern, wenn er woanders ankommt.

Mark Twain

Es genügt nicht zu rasen, man muss auch wissen, wohin man läuft.

Lothar J. Seiwert

Wer ein Ziel hat, nimmt auch schlechte Straßen in Kauf.

Kyrilla Spieker

Das Ziel gibt der Richtung einen Sinn.

Werner Mitsch

Wenn der Mensch kein Ziel hat, ist ihm jeder Weg zu weit.

Werner Mitsch

Der Fluss krümmt sich, doch sein Ziel verliert er nie.

Reinhold Schneider

Gehe nicht, wohin der Weg dich führt, sondern gehe dort, wo es keinen Weg gibt, und hinterlasse eine Spur.

Ralph Waldo Emerson

Man muss eine Aufgabe vor sich sehen und nicht ein geruhsames Leben.

Leo N. Tolstoi

Es ist besser, für etwas zu kämpfen als gegen etwas.

Amos Bronson Alcott

Wie du beim Sterben gelebt zu haben wünschest, so solltest du jetzt schon leben.

Marc Aurel

Das einzig Wichtige im Leben sind Spuren von Liebe, die wir hinterlassen, wenn wir Abschied nehmen.

Albert Schweizer

Das Leben gleicht einem Buche. Toren durchblättern es flüchtig, der Weise liest es mit Bedacht, weil er weiß, dass er es nur einmal lesen kann.

Jean Paul

Wenn das Leben keine Vision hat, nach der man strebt, nach der man sich sehnt, die man verwirklichen möchte, dann gibt es auch kein Motiv, sich anzustrengen.

Erich Fromm

Erfülltes Leben beginnt nicht erst dann, wenn alle Probleme gelöst sind, sondern erfülltes Leben besteht gerade in der mutigen Inangriffnahme der Probleme, im Aushalten, Durchstehen, bisweilen auch in der Freude, die man empfindet, wenn man eine Schwierigkeit überwunden hat.

Paul Tournier

Es kommt nicht darauf an, dass wir lange leben, sondern dass unser Leben den rechten Inhalt hat.

Eva von Tiele-Winckler

Lebe so, als ob du zum zweiten Mal lebtest und das erste Mal alles so falsch gemacht hättest, wie du es zu machen im Begriffe bist!

Viktor E. Frankl

Zu sterben kommt mir weniger traurig vor, als zu wenig gelebt zu haben.

Gloria Steinem

Man lebt, um sich auszudrücken, und indem man sich ausdrückt, bereichert man die Welt.

Henry Miller

Lebendig ist, wer das Leben liebt, das Licht erwartet, auch in den Tagen des schwarzen Sturms, und nicht aufhört zu lieben.

Luigi Nono

Wir alle haben das Leben zu überstehen; aber die einzige Art, damit fertig zu werden, ist die, dass man es liebt.

Georges Bernanos

Der Sinn des Lebens ist ein Leben mit Sinn.

Robert Byrne

Fast immer ist der richtige Weg der schwerste.

François Mauriac

Das Leben ist eine Anstrengung, die einer besonderen Sache würdig wäre.

Karl Kraus

Lebenserfahrung ist die Summe der Fehler, die man glücklicherweise gemacht hat.

Jules Romains

Der größte Mist hat zugleich das Zeug zum Dünger. Alles im Leben ist Stoff, aus dem wir Sinn schlagen können, wenn wir das wirklich wollen.

Marion Buchheister

Das Leben wird vorwärts gelebt und rückwärts verstanden.

Sören Kierkegaard

Erfahrung ist nicht das, was dir widerfährt, sondern das, was du daraus machst.

Aldous Huxley

Das Auf und Ab im menschlichen Leben gibt ihm Farbe und Wert.

Stefan Zweig

Man sieht die Blumen welken und die Blätter fallen, aber man sieht auch die Früchte reifen und neue Knospen keimen.

Johann Wolfgang von Goethe

Manchmal kann das, was zählt, nicht gezählt werden, und das, was gezählt werden kann, zählt nicht.

Albert Einstein

Seine Grundsätze soll man für die wenigen Augenblicke in seinem Leben aufsparen, in denen es auf Grundsätze ankommt, für das Meiste genügt ein wenig Barmherzigkeit.

Albert Camus

Wer den Himmel auf Erden sucht, hat im Erdkundeunterricht geschlafen.

Stanislaw Jerzy Lec

Das Glück wird den Menschen so selten zuteil, weil sie es draußen suchen statt drinnen.

Walter Nigg

Es gibt keine Experten dafür, wie man das eigene Leben führen soll.

Neil Postman

Man lebt nicht zweimal, und wie groß ist deren Zahl, die leben auf der Welt auch einmal nicht einmal.

Friedrich Rückert

Die Angst vor dem Tod besteht hauptsächlich darin, bis dahin nicht gelebt zu haben.

Gerhard Uhlenbruck

Ist das Leben arm? Ist nicht vielmehr deine Hand zu klein, sind deine Augenlinsen trübe? Du bist es, der wachsen muss.

Dag Hammarskjöld

Das Leben erscheint mir manchmal wie ein gutes Buch. Je weiter du kommst, desto mehr beginnt es einen Sinn zu machen.

Harold Kushner

Jeder Morgen ist eine neue Berufung.

Martin Buber

Vielleicht will, was ich nicht ändern kann, mich ändern.

Kyrilla Spiecker

Die Straßen des geringsten Widerstands sind nur am Anfang asphaltiert.

Hans Kaspar

Um wirklich glücklich zu sein, muss man eine Aufgabe, einen geliebten Menschen und eine große Hoffnung haben.

Ricarda Huch

Alles Bedeutende ist unbequem.

Johann Wolfgang von Goethe

Die Tragödie des modernen Menschen besteht nicht darin, dass er im Grunde immer weniger über den Sinn des eigenen Lebens weiß, sondern dass ihn das immer weniger stört.

Václav Havel

Sobald die Leute genug haben, wovon sie leben können, stellt sich heraus, dass sie von nichts wissen, wofür sie leben könnten.

Viktor E. Frankl

Es ist schon ein großer Unterschied, ob man etwas aus sich gemacht hat oder ob man nur etwas geworden ist.

Werner Mitsch

Neu beginnen kannst du mit deinem letzten Atemzug.

Bertolt Brecht

Das ist das Beste der Menschen: die Unruhe nach dem Höheren, das Verlangen nach dem Edleren und das Opfer seinetwillen.

Romano Guardini

Die Zukunft ist die Zeit, in der wir uns wünschen, das getan zu haben, was wir jetzt nicht tun.

Stephen Covey

Nach Wahrheit forschen, Schönheit lieben, Gutes wollen, das Beste tun – das ist die Bestimmung des Menschen.

Moses Mendelssohn

Es gilt, eine Wahrheit zu finden, die Wahrheit für mich sein kann, die Idee zu finden, für die ich leben und sterben will.

Sören Kierkegaard

Versucht, die Welt ein bisschen besser zurückzulassen, als ihr sie vorgefunden habt!

Robert Stephenson Baden-Powell

Besser auf dem rechten Weg hinken, als festen Schrittes abseits wandeln.

Augustinus

Unternimm nie etwas, wozu du nicht das Herz hast, dir den Segen des Himmels zu erbitten.

Georg Christoph Lichtenberg

Nicht: Es muss etwas geschehen, sondern: Ich muss etwas tun.

Hans Scholl, dt. Widerstandskämpfer (1918–1943)

Versprich nichts Großes, tue etwas Großes.

Matthias Claudius

Man kann nicht jeden Tag etwas Großes tun, aber gewiss immer etwas Gutes.

Friedrich Schleiermacher

Wir sind nicht nur für unser Tun verantwortlich, sondern auch für das, was wir nicht tun.

Peter Bamm

Das Gute, das ich nicht tue, kann niemand für mich tun.

Hermann Gmeiner

Man muss das Gute tun, damit es in der Welt sei.

Marie von Ebner-Eschenbach

Du selbst musst der Wandel sein, den die Welt vollziehen soll.

Mahatma Gandhi

Wir selber müssen hell werden, wenn die Welt ein klein wenig heller werden soll.

Reinhold Schneider

Es gibt bereits alle guten Vorsätze, wir brauchen sie nur noch anzuwenden.

Blaise Pascal

Wir sind nicht umsonst in diese Welt gesetzt. Wir sollen reif werden für eine andere Welt.

Matthias Claudius

Wir alle schreiten durch die Gasse, aber nur einige wenige blicken zu den Sternen auf.

Oscar Wilde

Glauben heißt, so leben, wie man lebt,
wenn das wahr ist, was man glaubt.

Carl Friedrich von Weizsäcker

Wir wünschen uns Geld, Geltung und Gesundheit; Gott haben wir offenbar alle.

Gerhard Uhlenbruck

Mit Gott oder ohne Gott leben, das ist die eigentliche und größte Lebensfrage.

Carl Hilty

An einen Gott glauben heißt sehen, dass es mit den Tatsachen dieser Welt noch nicht abgetan ist.

Ludwig Wittgenstein

Zu dir hin hast du uns geschaffen, o Gott, und ruhelos ist unser Herz, bis es Ruhe findet in dir.

Augustinus

Etwas Festes muss der Mensch haben, daran er zu Anker liege, etwas, das nicht von ihm abhange, sondern davon er abhängt.

Matthias Claudius

Ich glaube nicht, dass ich etwas finden kann, wonach ich mich so sehne wie nach Gott.

Augustinus

Es gibt nur für den keinen Gott, der ihn nicht sucht. Suche ihn, und er wird sich dir offenbaren.

Leo N. Tolstoi

Wer Glück will, muss erwerben, was ihm kein Schicksalsschlag entreißen kann.

Augustinus

Das Leben ist nur eine Zeit der Aussaat, und die Ernte ist nicht hier.

Vincent van Gogh

Gott führe uns freundlich durch diese Zeiten, aber vor allem führe er uns zu sich.

Dietrich Bonhoeffer

Zur Weisheit des Glaubens gehört es, immer mehr seine Hoffnungen in Gottes Hände zu legen, damit er entscheide, was für uns gut und heilsam ist.

Manfred Seitz

Niemals empfindet man die Hand Gottes kräftiger über sich, als wenn man die Jahre seines vergangenen Lebens betrachtet.

Martin Luther

Wenn du die jetzige Zeit deines Lebens nur so verstehst, dass Gott jetzt aus dir einen Menschen machen will, den er später einmal brauchen will und mit allen seinen Fähigkeiten, Gaben an die Arbeit stellen will, dann ist schon genug gewonnen.

Dietrich Bonhoeffer

Gott hat uns geschaffen, damit wir lieben und geliebt werden.

Mutter Teresa

Gott spricht: Siehe, ich bin dein Ziel.

Adelheid von Rheinfelden

Sortier dich –

das Chaos regieren

Nur wer viel übersehen kann,
hat die Übersicht.

Hans Urs von Balthasar

Die Seele jeder Ordnung ist ein guter Papierkorb.

Kurt Tucholsky

Was ich nicht habe, muss ich nicht aufräumen.

Barbara von Schnurbein

Das Aussortieren des Unwesentlichen ist der Kern aller Lebensweisheit.

Laotse

Ich werfe jeden Tag mehr auf den Scheiterhaufen des Unwesentlichen – das Schöne bei diesem Tun ist, dass das Wesentliche dabei nicht kleiner, enger wird, sondern gerade mächtiger und großartiger.

Franz Marc

Ein Mensch ist dann reich, wenn es nicht viele Dinge gibt, um die er sich kümmern muss.

Henry David Thoreau

Neben der edlen Kunst, etwas zu erledigen, gibt es die nicht minder edle, Dinge ungetan zu lassen. Das Aussortieren des Unwesentlichen ist der Kern aller Lebensweisheit.

Laotse

Freiheit wäre da, wo wir an einer Grenze sagten: Es ist genug. Es reicht uns.

Alfred Andersch

Nichts ist so schwer, wie einfach zu leben.

Albert de Bersancourt

Einfachheit ist etwas Schwieriges:
die exakte Mitte zwischen zu viel und zu wenig.

George Sand

Unser Leben wird mit Details vertan ...
Vereinfach, vereinfache.

Henry David Thoreau

Der Verzicht nimmt nicht. Der Verzicht gibt. Er gibt die Kraft der Einfachheit.

Martin Heidegger

Warum heben die Leute das alles auf? Sie heben es gar nicht auf. Sie können nur nicht übers Herz bringen, es wegzuwerfen.

Kurt Tucholsky

Was es alles gibt, das ich nicht brauche!

Sokrates

Woran es fehlt: Von allem ein bisschen weniger.

Oliver Hassencamp

Man sollte gar nicht glauben, wie gut man auch ohne die Erfindungen des Jahres 2500 auskommen kann!

Kurt Tucholsky

Zu viel ist weniger als genug.

Charles Tschopp

Willst du glücklich werden, dann mehre nicht den Besitz, sondern mindere deine Wünsche.

Lucius Annaeus Seneca

Wer wenig bedarf, der kommt nicht in die Lage, auf vieles verzichten zu müssen.

Plutarch

Wer nicht mit dem zufrieden ist, was er hat, der wäre auch nicht mit dem zufrieden, was er haben möchte.

Berthold Auerbach

Wem genug zu wenig ist, dem ist nichts genug.

Epikur

Lebenskunst: zu siebzig Prozent Verzicht auf Hast, zu zwanzig Prozent Verzicht auf „Dinge, die man unbedingt haben muss“, und zu zehn Prozent Genuss an offenkundig Überflüssigem.

Otto Kornexl

Alle Unordnung des inneren und äußeren Menschen wird geordnet in der Gelassenheit.

Meister Eckhart

Menschen, die Zeit haben, sind immer auch Menschen, die nicht glauben, sie müssten alles selbst machen.

Emil Oesch

Wenn einer alles selbst machen will, braucht er sich nicht zu beklagen, dass er schließlich alles selbst machen muss.

Henri Nannen

Alles selbst machen zu wollen, ist das Kennzeichen des Unbegabten.

Richard von Schaukal

Prioritäten setzen heißt auswählen, was liegen blieben soll.

Helmut Nahr

Es ist unmöglich, alles auf einmal zu tun, aber es ist durchaus möglich, etwas auf einmal zu tun.

Pearl S. Buck

Es ist nicht wenig Zeit, die wir zur Verfügung haben, sondern es ist viel Zeit, die wir nicht nutzen.

Lucius Annaeus Seneca

Wer den schlechtesten Gebrauch von seiner Zeit macht, jammert am meisten, dass sie so knapp ist.

Jean de la Bruyère

Es ist gar nicht so einfach, die Probleme der Reihe nach anzupacken, wenn sie sich weigern, sich in einer Reihe aufzustellen.

Ashleigh Brilliant

Die Menschen, die etwas von heute auf morgen verschieben, sind dieselben, die es bereits von gestern auf heute verschoben haben.

Peter Ustinov

Die Hauptsache ist nicht, früh aufzustehen, sondern den Tag gut auszunützen.

C.H. Spurgeon

Eilen hilft nicht. Zur rechten Zeit fortgehen ist die Hauptsache.

Jean de La Fontaine

Verschiebe nicht auf morgen, was du heute tun kannst. Vielleicht macht's dir heute Spaß, und du kannst es morgen noch mal tun.

James A. Michener

Müde macht uns die Arbeit, die wir liegen lassen, nicht die, die wir tun.

Marie von Ebner-Eschenbach

Der Anfang ist die Hälfte des Ganzen.

Aristoteles

Die Arbeit, die die meiste Zeit beansprucht, ist die, mit der man nicht anfängt.

J.R.R. Tolkien

Der sicherste Weg, eine Arbeit loszuwerden, ist, sie anzufangen.

Robert Lembke

Was hilft aller Sonnenaufgang, wenn ihr nicht aufsteht?

Georg Christoph Lichtenberg

Alle Menschen schieben auf und bereuen den Aufschub.

Georg Christoph Lichtenberg

Viele verderben Zeit und Geduld mit dem, was sie liegen lassen sollten, und beides fehlt ihnen nachher für das, was sie liegen gelassen haben.

Baltasar Gracián

Ich rate, lieber mehr zu können, als man macht, als mehr zu machen, als man kann.

Bertolt Brecht

Die ärgsten Feinde der Hauptsache sind die wichtigen Nebensachen.

Friedrich von Bodelschwingh

Die meisten Menschen wenden mehr Zeit und Kraft daran, um die Probleme herumzureden, als sie anzupacken.

Henry Ford

Der Mensch hat keine Zeit, wenn er sich nicht Zeit nimmt, Zeit zu haben.

Ladislaus Boros

Es ist nie Zeit, etwas wegzuräumen, aber immer, danach zu suchen.

Sandra Felton

Der Mensch ist ein zielstrebiges Wesen, aber meistens strebt er zu viel und zielt zu wenig.

Günter Radtke

Vom Ziel haben viele Menschen einen Begriff, nur möchten sie es gerne schlendernd erreichen.

Johann Wolfgang von Goethe

Ans Ziel kommt nur, wer eines hat.

Martin Luther

Der Langsamste, der sein Ziel nicht aus den Augen verliert, geht noch immer geschwinder, als der ohne Ziel umherirrt.

Gotthold Ephraim Lessing

Wer heute den Kopf in den Sand steckt, knirscht morgen mit den Zähnen.

Dieter Theobald

Wir warten auf Dinge, die wir erreichen könnten, wenn wir nicht warten würden.

Ralph Waldo Emerson

Nichts ist mühsam, was man willig tut.

Thomas Jefferson

Ich jage niemals zwei Hasen auf einmal.

Otto von Bismarck

Du kannst nicht zwei Pferde mit einem Hintern reiten.

Woody Allen

Bereit sein ist viel, warten können ist mehr, doch erst: den rechten Augenblick nützen ist alles.

Arthur Schnitzler

Das Einzige, das noch schwieriger ist, als ein geordnetes Leben zu führen: es anderen nicht aufzuzwingen.

Marcel Proust

Äußere Ordnung ist oft nur der verzweifelte Versuch, mit einer großen inneren Unordnung fertig zu werden.

Albert Camus

Was wir geteilten Herzens tun, muss zerfranst ankommen.

Heinrich Giesen

Eine schlechte Angewohnheit kann man nicht aus dem Fenster werfen. Man muss sie die Treppe hinunterboxen, Stufe für Stufe.

Mark Twain

Wer etwas Großes will, der muss sich zu beschränken wissen; der dagegen alles will, der will in der Tat nichts und bringt es zu nichts.

Georg Wilhelm Friedrich Hegel

Wer nicht will, wenn er kann, wird nicht können, wenn er will.

Charles Haddon Spurgeon

Unentschlossenheit ist der Vater der Sorge und die Mutter der Unzufriedenheit.

Peter Steincrolm

Kleine Taten, die man ausführt, sind besser als große, die man plant.

George Catlett Marshall

Fang an. Dadurch allein kann das Unmögliche möglich werden.

Thomas Carlyle

Was alle Erfolgreichen miteinander verbindet, ist die Fähigkeit, den Graben zwischen Entschluss und Ausführung äußerst schmal zu halten.

Peter Drucker

Wer darauf besteht, alle Faktoren zu überblicken, bevor er sich entscheidet, wird sich nie entscheiden.

Henri-Frédéric Amiel

Was nicht auf einer einzigen Manuskriptseite zusammengefasst werden kann, ist weder durchdacht noch entscheidungsreif.

Dwight David Eisenhower

Gewohnheit bedeutet, einen bestimmten Platz für jede Sache zu haben, und sie niemals dort aufzubewahren.

Mark Twain

Wer das erste Knopfloch verfehlt, kommt mit dem Zuknöpfen nicht zu Rande.

Johann Wolfgang von Goethe

Das Allerwichtigste: nicht ausgeben, was man nicht hat.

Massimo d'Azeglio

Sage nicht alles, was du weißt, aber wisse immer, was du sagst.

Matthias Claudius

Das Übel erkennen heißt schon, ihm teilweise abhelfen.

Otto von Bismarck

Leben ist aussuchen. Und man suche sich das aus, was einem erreichbar und adäquat ist, und an allem anderen gehe man vorüber.

Kurt Tucholsky

Wer weiß, was er will, der hat schon die halbe Arbeit getan.

Friedrich Hölderlin

Gönne dir einen Augenblick der Ruhe, und du begreifst, wie närrisch du herumgehastet bist!

Laotse

Wenn man es nicht schafft zu planen, plant man, es nicht zu schaffen.

Benjamin Franklin

„Es kommt, wie es kommen muss“, ist die Ausrede aller Faulpelze.

Wilhelm Raabe

Man muss die Konsequenzen ziehen, von allein kommen sie nicht.

Klaus Bernhardt

Quellennachweise

Zitate von Dietrich Bonhoeffer: by Gütersloher Verlagshaus, in der Verlagsgruppe Random House GmbH, München

Zitate von Robert Lembke: 1975 by Langen Müller in der F.A. Herbig Verlagsbuchhandlung GmbH, München

Worte, die von Herzen kommen

Zitate für jede Gelegenheit

zusammengestellt
von Norbert Schnabel

144 Seiten, gebunden
11 x 18 cm
Bestell-Nr. 224.887

Sie suchen ein passendes Zitat für eine Glückwunschkartem ein aufmunterndes Wort für einen lieben Menschen, einen tröstlichen Gedanken in schwierigen Situationen oder einfach nur einen Weihnachtsgruß?
Dieser Band versammelt eine Fülle von geistlichen Einsichten, humorvollen Sprüchen und hilfreichen Weisheiten, die sich für die unterschiedlichsten Anlässe eignen. Mit dieser Auswahl finden Sie immer die richtigen Worte!

scm R.Brockhaus

Du bist mir immer nah

Gebete für jedenTag

136 Seiten, gebunden
11 x 18 cm
Bestell-Nr. 224.902

»Du bist mir immer nah« ist eine Sammlung sowohl bewährter als auch neuer Gebete.
Nach verschiedenen Anlässen und Lebenssituationen geordnet, regen sie an, unsere persönlichen Bitten und unseren Dank vor Gott zu bringen. Aber auch in Zeiten der Krankheit, Angst und Sorge, der Trauer oder des Zweifels helfen die Gebetsworte anderer, uns wieder Gott näher zu bringen. Erfrischend und inspirierend zugleich, schöpfen diese Texte aus tiefem Gottvertrauen und erzählen vom Ringen um den Glauben und von der Hingabe an Gott.
Ausgesucht wurden Gebete von
Martin Luther, Teresa von Avila, Jörg Zink, Romano Guardini, Dietrich Bonhoeffer u.v.a.

scm R.Brockhaus

Du füllst mein Herz
Inspirationen für jeden Tag
368 Seiten, Spiralbindung
11,5 x 11,5 cm
Bestell-Nr. 224.837

Mit 365 Zitaten und abwechslungsreichen, stimmungsvollen Farbfotos bietet dieses Aufstellbuch geistliche Einsichten, inspirierende Gedanken und biblische Wahrheiten für ein ganzes Jahr. Ein wertvoller Begleiter, der Sie immer wieder auf die Nähe Gottes hinweisen will.

Lach das Leben an!
Mutmacher für ein ganzes Jahr
368 Seiten, Spiralbindung
11,5 x 11,5 cm
Bestell-Nr. 224.836

Mit einem Lächeln in den Tag starten, zuversichtlich, erwartungsvoll, dankbar – die 365 Zitate dieses Aufstellbuches, kombiniert mit erfrischenden Farbfotos, wollen Sie auf diese Spur bringen. »Lach das Leben an!« versammelt spritzige, ermutigende und hilfreiche Gedanken für alle, die dem Geheimnis des Glücks ein Stück näher kommen wollen.

scm R.Brockhaus